ABER DIE PARTY IST ERST NÄCHSTE WOCHE ...
NA, EINER MUSS JA DER ERSTE SEIN!

Uli Stein

Einen Toast auf die Gastgeber

Lappan

Uli Stein, 1946 geboren, ist der erfolgreichste und bekannteste Cartoonist Deutschlands. Nach dem Abi studierte er Pädagogik, entschied sich aber kurz vor dem Staatsexamen gegen eine Beamtenlaufbahn und begann zu fotografieren und zu schreiben.
Seine Nonsens- und Satirentexte bescherten ihm eine eigene Sendung beim Saarländischen Rundfunk, bevor er eher nebenbei entdeckte, dass er die Pointen seiner komischen Einfälle mit dem Zeichenstift schneller auf den Punkt bringen konnte als mit vielen Worten.
So entstanden seine ersten Cartoons, deren Figuren im Laufe der Jahre zu den unverwechselbaren Charakteren wurden, die heute Millionen Menschen kennen und lieben. Seine Cartoons erschienen zuerst in Zeitungen und Zeitschriften, danach in Büchern und auf zahlreichen Produkten. Allein im deutschsprachigen Raum sind mehr als neun Millionen Cartoonbücher von Uli Stein verkauft worden.
Viele der Bücher, die nicht selten in den Bestsellerlisten zu finden sind, sind in andere Sprachen bis hin nach China und Korea übersetzt worden.
Uli Stein lebt und arbeitet in der Nähe von Hannover.

Limitierte Sonderausgabe

Printed in Italy, ISBN 978-3-8303-6122-0
www.lappan.de

www.ulistein.de

VERDAMMT – DA KOMMEN SCHULZES! LASS DIR BLOSS NICHT ANMERKEN, DASS WIR EINE PARTY GEBEN ...

Der taktvolle Gast

Hätten Sie vielleicht mal Salz und Pfeffer? Einen Schuss Maggi oder ein bisschen Ketchup? So was hört der Gastgeber, der sich mit seinem Menü so viel Mühe gegeben hat, gar nicht gerne. Damen vermeiden solche Situationen und greifen unauffällig nach ihrem Gewürztäschchen aus feinstem Nappaleder.

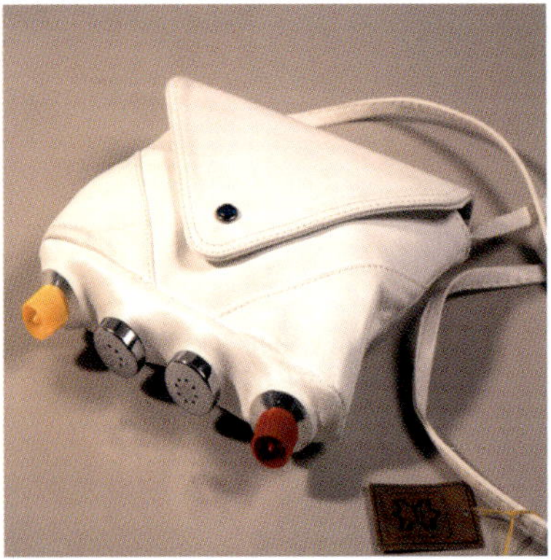

Herren ziehen sich taktvoll aus der Affäre, indem sie diskret ihren Schlips in die Suppe hängen lassen …

… unter dem sie zuvor voller Weitsicht einen Maggiwürfel befestigt haben.

AUFMERKSAME GASTGEBER REICHEN AUCH IN CHINA GERNE EINE SCHACHTEL MON CHÉRIE HERUM. DA HEISSEN SIE DANN ALLERDINGS MANDSCHUREI.

Clever!

Ein Fondueabend mit netten Freunden ist eine schöne Sache. Weniger schön ist es, wenn man ein paar Minuten vor dem Eintreffen der Gäste feststellen muss, dass der Spiritus alle ist. Die kluge Gastgeberin weiß sich auch in dieser prekären Situation zu helfen:

Wusten Sie schon …

… dass es ganz ungebildete Gäste gibt, die den Aperitif mit dem Dativ verwechseln?

… dass auch bei Stehpartys Gäste unter dem Tisch liegen?

DAS SIEHT JA ALLES GANZ GUT AUS, ABER WO SIND DIE UNMENGEN VON BOWLE, VON DER SIE AM TELEFON SPRACHEN?

Wenns mal schnell gehen muss:

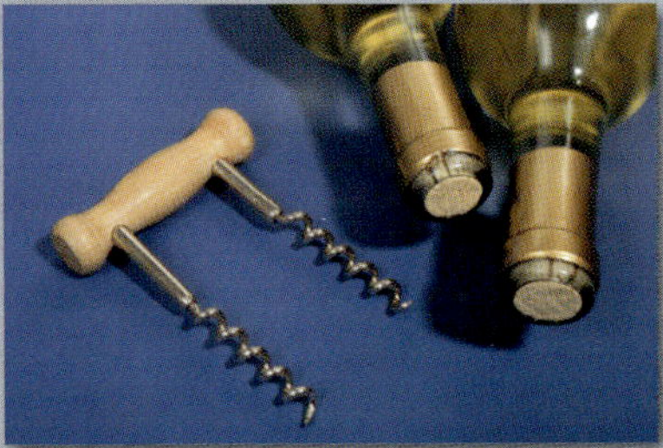

Mit Dr. Henschels Doppelkorkenzieher öffnen Sie zwei Flaschen auf einmal!

Beliebte Partyspiele

Darts bei Vegetariern

AUCH WENN MAN EUCH LETZTES MAL EIN PAAR GLÄSER GEKLAUT HAT ... ICH FINDE, IHR ÜBERTREIBT EIN BISSCHEN ...

Vom guten Ton

Wird man zum Essen eingeladen, kann es einem passieren, dass die Gastgeberin Schnecken als Vorspeise serviert, und da blamiert sich schnell, wer mit den Dingen nicht umzugehen weiß.

Hierzu unser Benimmexperte: Immer wieder geistert durch die Presse, man dürfe heutzutage die Serviette mit dem Messer schneiden, den Ober mit den Fingern anfassen, die Rechnung in der Soße zerquetschen oder auch Weinbergschnecken mit dem Korkenzieher aus dem Gehäuse holen: Das ist natürlich ein krasser Stilbruch und selbstredend völlig unstatthaft …

… ebenso wie die in gewissen Kreisen verbreitete sogenannte sanfte Methode, die Schnecke mit einem Stück von der Salatbeilage rauszulocken – eine Methode, die darüber hinaus langwierig und zeitraubend ist und den Ablauf eines gepflegten Abendessens empfindlich stören kann. Die einzig korrekte Art, Schnecken zu essen, ist noch immer, das Gehäuse mit leichtem Druck auf den Schneckenknacker zu öffnen.

WAS FÜR EINE LANGWEILIGE PARTY! HÄTTEN SIE LUST, MIT MIR WOANDERS HINZUGEHEN?
ICH KANN NICHT WEG – ICH BIN DER GASTGEBER ...

Aufgepasst ...

*... wenn Sie mal zu einer Weinprobe eingeladen sind:
Einen guten, alten Rotwein kippt man nicht
mit Schwung herunter!
Im Gegenteil: Man führt das Glas behutsam
zum Mund und nippt vorsichtig. Wie leicht kann
einem sonst der Strohhalm ins Auge piken!*

SCHÖN, DASS SIE GEKOMMEN SIND! MÖCHTEN SIE ERST MAL EINEN MARTINI?
GERN!
DRY?
NEIN, NEIN – EINER REICHT MIR VÖLLIG – ICH MUSS JA NACHHER NOCH FAHREN ...

So gehts!

Steckt das Fischmesser nun im Weiß- oder Rotweinglas? Müssen die Gabelzinken nach Westen oder Osten zeigen und darf der Dessertlöffel erst einmal unter dem Teller aufbewahrt werden …?
Eine gepflegte Tafel fehlerlos zu decken ist gar nicht so einfach! Anfänger, die auf Nummer sicher gehen wollen, verwenden in den ersten Monaten Dr. Swirskis Anfängertischtuch mit aufgestickter Eindeckhilfe. (Im Fachhandel)

Wusstes Sie …

… dass eine ***Orgie*** *bei Kaninchen* ***„Rammelsurium"*** *heißt?*

AUF MANCHEN PARTYS SOLL ES NUR KAVIAR GEBEN. DAS IST DANN DIE SOGENANNTE ROGENSZENE.

Für die Grillparty:

So schnell kann es gehen:
Man hat alles zum Grillen vorbereitet, dreht dem Gerät nur einmal den Rücken zu, und schon hat der Hund die besten Stücke stibitzt …

Wirkungsvollen Schutz bietet jetzt der „Grill-Guard", der auf der Erfahrung basiert, dass Hunde von Natur aus wasserscheu sind.
Der „Grill-Guard" wird am Grill befestigt, mit dem Gartenschlauch verbunden und schafft so eine Rundumsicherheitszone, die jeden Hund und jede Katze auf respektvoller Distanz hält.

WIRD MAN AUF EINER PARTY EINEM DUDELSACK VORGESTELLT, REDET MAN IHN SELBSTVERSTÄNDLICH SO LANGE MIT „SIEDELSACK“ AN, BIS EINEM OFFIZIELL DAS „DU“ ANGEBOTEN WIRD!

Prost!

Auf Partys weiß man nie, wo man sein Glas abstellen soll, wenn man mal seine Hände frei haben möchte. Auf der Tischkante oder Stuhllehne hat man es in null Komma nichts umgestoßen. Und dann ist der Ärger da. Wer ihn vermeiden möchte benutzt Dr. Krügers „Schluckofix": das wackel- und kippfeste Klemmglas, das an jeder Kante befestigt werden kann.

ICH DENKE, SIE GEBEN HEUTE ABEND EINE PARTY? WO BLEIBT DIE LAUTE MUSIK?

Guten Appetit!

Wenn das kalte Büfett eröffnet wird, heißt es sich sputen, wenn man noch was abkriegen will. Erfahrene Partygäste holen dann unauffällig Dr. Lengers Partygabel „Triopiek“ aus der Tasche und sind bei den guten Sachen voll mit dabei!

Wissen Sie's?

Bei diesem beliebten Partyspiel werden so viele Hackfleischklopse herumgereicht, wie Gäste da sind. Jeder Mitspieler muss nun eine Frikadelle verzehren. Alle sind am Vortag gebraten worden – bis auf eine, die mindestens zwölf Wochen alt ist.

Wie heisst dieses Spiel?

(Russisch Bulett)

NIEST DER GAST INS ESSEN REIN WIRD ER WOHL ERKÄLTET SEIN!

(Alte Bauernweisheit)

Wenn man auf osteuropäische Gäste trifft.

Auf Stehpartys ...

... hat man oft seine liebe Not: Mit der rechten Hand hält man sein Glas, mit der linken den Aschenbecher, das Schälchen mit Oliven balanciert man auf dem Kopf, unter dem Arm klemmt man Zigaretten und Feuerzeug. Will man jemandem die Hand schütteln, kommt man in Teufels Küche! Richtig komfortabel hat es dagegen, wer sich **Dr. Schulzes Stehpartytischchen** mitbringt:

Die eleganten Edelstahlbügel garantieren den sicheren Sitz auch bei fortschreitendem Abend. Für Pärchen oder Damen, die bei solchen Anlässen ihr Gegenüber nicht aus den Augen lassen wollen, empfiehlt sich die Ausführung als Doppeltischchen.

„MÖCHTE JEMAND EIN BELECKTES BRÖTCHEN?“

(Zerknirschter Hundebesitzer zu seinen Gästen)

Peinlich ...

… wenn man auf einer Party unversehens angesprochen wird: „Ach, ist das nicht das entzückende Kleid, das Sie im letzten Jahr auf unserer Sommerparty schon anhatten?“ oder „Ist das nicht das bezaubernde Kostüm, das Frau Kneize-Willermann Silvester trug?“
Das kann Ihnen nun nicht mehr passieren, wenn Sie sich dieses Buch in ausreichender Menge besorgen, die Merkzettel ausschneiden, an Ihren Kleiderbügeln befestigen und in Zukunft sorgsam beschriften.

ICH MAG DIESE HANDKÜSSEREI NICHT, MEINE RINGE LAUFEN IMMER AN ...

Eine Grillparty …

… ist eigentlich eine feine Sache, wenn nur der ganze Aufwand mit Grillaufbauten und Holzkohlekokeln nicht wäre. Aber muss ja auch nicht sein…

… wenn jeder stattdessen jedem Gast einen Einhand-Minigrill „Röstofix" in die Hand drückt.

Wusstten Sie schon …

… dass es bei Partys, zu denen jeder eine Flasche mitbringen soll, nicht ausreicht, wenn Sie nur mit Ihrem Ehemann erscheinen?

… dass auf langweiligen Partys ein ständiges Kommen und Gähnen herrscht?

ICH HAB JA NICHTS DAGEGEN, DASS SIE IHRE BOWLE IM GOLDFISCHGLAS ANSETZEN...
...ABER DIE FISCHE HÄTTEN SIE WENIGSTENS VORHER RAUSNEHMEN KÖNNEN!

Obacht!

Welches Bier soll man kaufen und wofür sich entscheiden:
Chanpagner oder Asti spumante?
Gastgeber, die sich beim Einkauf nicht sicher sind,
gehen zu einer Pilsberatungsstelle oder erkundigen sich
beim Sektenbeauftragten der Gemeinde.

Wenn Segler grillen

GEHT DER GAST AUF ALLEN VIEREN, KOMMT DAS VON DEN VIELEN BIEREN.

Der gute Tipp

Hat man das Haus voller Gäste, reicht die Flurgarderobe oft nicht aus. Die Mäntel und Jacken auf dem Schlafzimmerbett zu stapeln ist zwar verbreitet, aber nicht sehr stilvoll.

Der kluge Gastgeber hat für solche Fälle eine Notgarderobenstange parat, die an jeder Tür haftet und die Gästegarderobe bis zum Abwinken knitterfrei und wohlsortiert aufbewahrt.

Aus unserer Reihe

Getränke, die man kennen sollte

Martini on the rocks

Wussten Sie schon …

… dass sich vor der Erfindung des Stuhls unsere Vorfahren stets zu Hocktailpartys trafen?

Der kleine Hinweis:

EINARMIGE KÖNNEN GUT MITSCHUNKELN, WENN MAN SIE GANZ AUSSEN SITZEN LÄSST!

Stilvoll den Tisch decken

Zu einer hübsch gedeckten Tafel gehören auch die allerliebst gefalteten Servietten, die aber nicht selten so geraten:

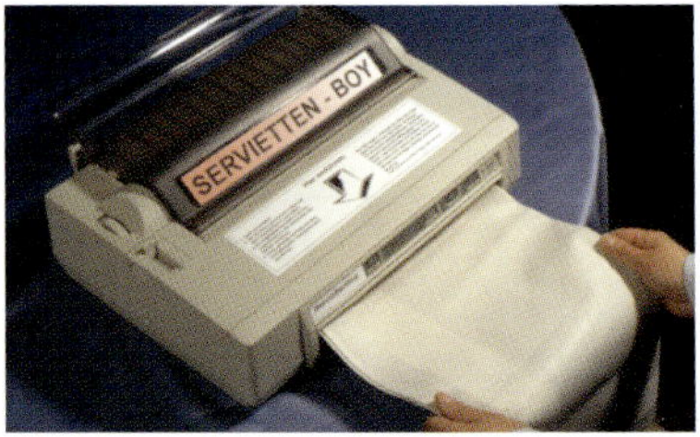

… und nach etwas zehn Sekunden können Sie die fix und fertig gefalteten Servietten entnehmen.

Abhilfe schafft da der neue **„Servietten-boy“:** Die Serviette wird vorn in den Einzug eingeführt …

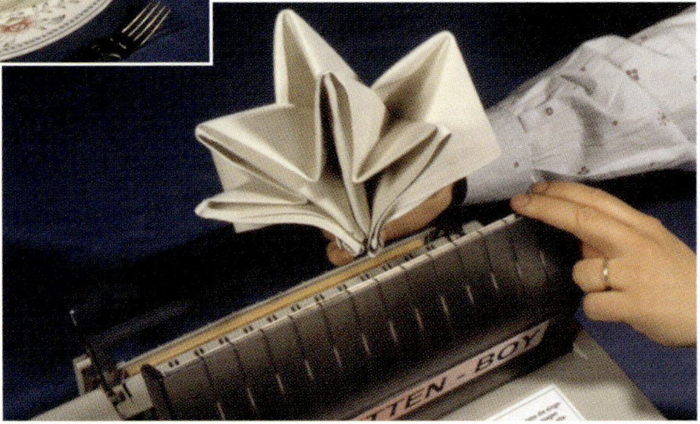

WENN HOLZWÜRMER EINE PARTY GEBEN, HALTEN SIE FÜR FREUNDE VON AUSWÄRTS STETS EIN GÄSTEBRETT BEREIT!

UND? WAS HABEN SIE INS GÄSTEBUCH GESCHRIEBEN?
GÄSTE BUCH
DIE TELEFONNUMMER EINES PARTYSERVICE!
GÄSTE BUCH

Zünftige Grillpartys ...

... sind ohne leckere Bratwürste undenkbar. Diese wiederum haben den fatalen Hang, vom Pappteller zu kullern. Das heiße, fettige Ding mit dem Daumen festzuhalten mag man seinen Gästen auch nicht zumuten. Abhilfe schaffen da die neuen TÜV-geprüften Sicherheits-Pappteller. Hier ein Überblick über die wichtigsten Modelle:

1. Pikkofix: Zwölferpackung mit zweireihiger Edelstahl-Spikes-Schiene. Hält Würste bis zu einem Neigungswinkel von 35 Grad. Bei steigender Stimmung besteht aber die Gefahr, dass dem Daumen widerfährt, was der Wurst zugedacht ist.
Urteil: bedingt empfehlenswert.

2. Multigrip: Im Zweierpack. Hält die Wurst ebenso sicher wie ein Steak oder zwei Buletten. Zuverlässig auch in Extremsituationen, bei hohem Seegang, in schwierigem Gelände oder nach 15 Bieren. Achterbahngetestet.
Trotz etwas umständlicher Bedienung: empfehlenswert.

3. Klemmopront: Mit rostfreiem Wurstscharnier, mühelos zu bedienen. Überzeugt durch Zuverlässigkeit, selbst bei Teststufe vier: Kotelett aufrecht.
Testurteil: wahnsinnig empfehlenswert.

Immer wieder ...

... versuchen es manche Herren auf Partys mit der uralten Tour: „Hallo! Wir kennen uns noch nicht? Darf ich mich vorstellen?" Ein höfliches, aber bestimmtes „Nichts da! Sie stellen sich genauso hinten am Büfett an wie jeder andere auch!" ist in einer solchen Situation die angemessene Antwort.

Ärgerlich ...

... wenn man Gäste gehabt hat und hinterher fehlt was vom Besteck. Wer auf Nummer sicher gehen will, benutzt in Zukunft das festschraubbare Besteck „Monte Christo" der Firma Böttcher.

Hier steht:

Die EG-Gesundheitsminister:

Diese Einladung gefährdet Ihre Gesundheit!

ES KANN LOSGEHEN – DIE UNTEREN SIND FERTIG ...
GRILL KOHLE

Autofahrer …

… haben es nicht einfach: Jedes Gläschen müssen sie zählen, und je weiter der Abend fortschreitet, desto öfter muss man sich ein Schlückchen verkneifen.

Erfahrene Gäste kippen sich die guten Sachen einfach in die Brusttasche: So haben sie wenigstens eine kleine Freude, wenn sie wieder zu Hause sind …

… vorausgesetzt natürlich, sie haben in weiser Voraussicht für einen unauffälligen Sammelbehälter gesorgt.

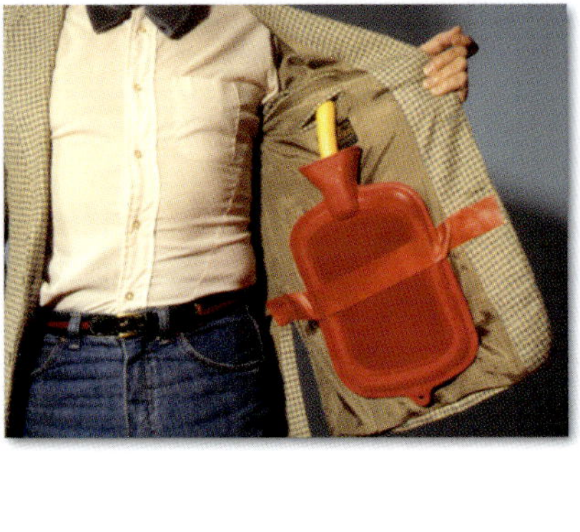

WIR HABEN ES MITGEBRACHT, FALLS WAS VON EUREM ESSEN ÜBRIG BLEIBT ...

„MAN SOLL DIE GÄSTE FEUERN, WIE SIE FALLEN!“

(Alte Gastgeberregel im Umgang mit betrunkenen Gästen)

VIEL SPASS MIT Uli Stein

Limitierte Jubelausgaben 2007:

ISBN 978-3-8303-6116-9

ISBN 978-3-8303-6119-0

ISBN 978-3-8303-6118-3

ISBN 978-3-8303-6115-2

ISBN 978-3-8303-6120-6

ISBN 978-3-8303-6121-3

ISBN 978-3-8303-6117-6

ISBN 978-3-8303-6123-7

ISBN 978-3-8303-6124-4

www.lappan.de · www.ulistein.de